J. P. PUJOL.

Confesseur de la Foi, Archiprêtre de l'arrondissement de Gaillac (Tarn) &.ᵃ &.ᵃ &.ᵃ
Né le 1ᵉʳ Janvier 1758. décédé le 22 Juillet 1857.

NOTICE

BIOGRAPHIQUE

SUR M. PUJOL,

Confesseur de la Foi, Chanoine honoraire, Archiprêtre,

Curé de Saint-Michel de Gaillac.

Vir amator civitatis, et bene audiens, qui pio affectu pater appellabatur... Mortuus est in senectute bonâ, plenus dierum et gloriâ... Non recedet memoria ejus.

C'était un homme plein de zèle pour ses concitoyens, d'une réputation à toute épreuve et à qui l'affection qu'il leur portait fit donner le nom de père..... Il mourut dans une heureuse vieillesse, plein de joûrs et de gloire... Son souvenir ne s'effacera jamais.

Mach. 14; 1 *Paralip.* 29; *Eccli.* 39.

GAILLAC,

Imprimerie de F. Amiel, Libraire.

1857.

À Monseigneur

L'ILLUSTRISSIME ET RÉVÉRENDISSIME

J.-J.-M.-Eugène de Jerphanion,

ARCHEVÊQUE D'ALBI.

———◦———

Monseigneur,

Le diocèse d'Albi vient de perdre son vénérable doyen, qui fut un des prêtres les plus fervents, les plus zélés et les plus recommandables du Clergé. La cité entière qui le vénérait a exprimé hautement ses regrets, mais personne ne l'a regretté plus que vous, personne ne conserve plus précieusement son souvenir. Aussi, aurions-nous craint de manquer à notre devoir si nous n'avions dédié à Votre Grandeur ces quelques notes, dans lesquelles sont racontés les traits les plus saillants de cette vie si longue et si pleine, qui fut toujours un modèle parfait de la vie des pasteurs et une des gloires du Clergé de votre diocèse.

D'autres, sans doute, auraient mieux fait que nous pour retracer cette belle vie, qui, si elle était bien racontée,

*pourrait être si utile au Clergé et aux fidèles. Pour nous,
nous n'avons voulu qu'exposer simplement les faits, parce
que nous les connaissions peut-être mieux que tout autre,
laissant à des mains plus habiles le soin de les écrire de
la manière qu'il convient.*

Nous espérons néanmoins, Monseigneur, *que vous voudrez
bien accepter ce modeste travail; nous venons le déposer
à vos pieds avec toute la vénération dont nous sommes
animés pour vous.*

*Daignez recevoir en même temps l'hommage respectueux
et filial avec lequel,*

Monseigneur,

nous avons l'honneur d'être

de Votre Grandeur,

*les très-humbles et très-dévoués
serviteurs,*

Gaillac, le   août 1857.

NOTICE BIOGRAPHIQUE

SUR

M. Pujol, Curé de Saint-Michel

DE GAILLAC.

I.

Premières années de M. Pujol; — succès au Collége et à la Faculté
de théologie; — occupations depuis son ordination jusqu'à
son entrée dans le saint ministère.

M. PUJOL (Jean-Pierre) naquit au petit village de Convers, dans le canton de Lisle d'Albi (Tarn), le 1er janvier 1758. Ses parents s'adonnaient eux-mêmes à la culture des champs; et, grâce à leur ardeur incessante pour le travail et à un esprit d'économie pour ainsi dire héréditaire dans leur famille, ils s'étaient placés dans une position de fortune qui, sans avoir rien d'extraordinaire, leur donnait pourtant un rang honorable dans leur pays.

A cette époque la société chancelait déjà sur ses bases, profondément sapée par les attaques d'une philosophie impie. Voltaire et Rousseau venaient de semer à profusion l'ivraie dans le champ du père de famille; ils avaient attaqué les livres saints, préconisé la vieille corruption du paganisme et juré d'abolir la religion chrétienne. Leurs funestes doctrines s'étaient glissées jusqu'à la cour du souverain, pour descendre ensuite des hautes régions aristocratiques jusques à la dernière habitation du hameau. Presque toutes les familles des campagnes s'étaient laissé entraîner par le torrent. Celle dont nous parlons était restée ferme et inébranlable; elle avait conservé les mœurs patriarcales de ses ancêtres et se distinguait par une grande piété et par un attachement sans réserve aux lois de l'Eglise.

Dieu voulut bénir ces parents chrétiens en leur donnant un fils qui montra de bonne heure d'excellentes dispositions pour la vertu. Ce jeune enfant passa les premières années de sa vie au sein de la famille, au milieu des campagnes, occupé à la garde des troupeaux et s'exerçant lui-même aux travaux des champs. C'est sans doute dans cette éducation première qu'il puisa cette prédilection pour les gens de la campagne qu'on a toujours remarquée en lui; son amour pour les pauvres et cette simplicité de mœurs, caractère principal de sa vie.

Un de ses oncles maternels, qui avait embrassé la vie religieuse, était entré dans l'ordre des Augustins au monastère de Lisle en Albigeois. Il était docteur en Sorbonne, et c'est probablement à sa haute intelligence, autant qu'à sa piété, qu'il dût l'honneur d'être nommé Provincial de son ordre. Il s'intéressait d'une manière toute particulière à l'avenir de son jeune neveu. On eût dit qu'il pressentait l'avenir glorieux qui lui était réservé. Il recommanda expressément à ses parents de s'appliquer tout d'abord à jeter dans son âme les premières semences de la vertu et à lui faire sucer la piété chrétienne avec le lait qui le nourrissait. Voilà pourquoi sa pieuse mère, Cécile Gineste, le portait si souvent au monastère dans son enfance; et là le vénérable Provincial commençait déjà par ses leçons et par ses conseils à former ce jeune cœur, à qui Dieu réservait une destination heureuse.

Le curé du village lui apprit d'abord à lire et à écrire; puis on l'envoya étudier à Lisle, et de là dans une école de Rabastens, où il reçut les premiers éléments de grammaire. Il s'y fit remarquer entre tous ses camarades par un esprit précoce et par une piété au-dessus de son âge. Quoique très-jeune, il fit connaître par des marques non équivoques sa vocation à l'état ecclésiastique, et ses parents se décidèrent alors à l'envoyer au collége d'Albi. Ses études y furent brillantes. Il se plaisait encore, quelques jours avant sa mort, à nous raconter ses succès au collége et à nous dire le nombre de couronnes littéraires qu'il avait remportées dans ses humanités.

Il se rendit ensuite à Toulouse pour y suivre les cours de la Faculté de théologie. Là, le jeune Pujol ne tarda pas à se distinguer et à se faire remarquer parmi la foule des étudiants, ce qui lui valut les bonnes grâces des professeurs de la Faculté.

C'est par leur bienveillante protection qu'il fut placé dans une maison riche et puissante pour y faire l'éducation de quelques jeunes enfants, ce qui lui permit de continuer ses études théologiques sans être à charge à ses parents. Il est probable que c'est son séjour au sein de cette famille, et peut-être encore plus ses brillants succès, qui lui ont valu une foule de liaisons précieuses que la mort est venue lui enlever pour ainsi dire une à une pendant les longs jours qu'il a passés sur la terre.

Etudier et prier était toute la vie de M. Pujol à Toulouse. Maître de lui-même, il sut résister à toutes les inclinations mauvaises et aux séductions frivoles du monde. Comme Grégoire de Nazianze et Basile au milieu de la brillante Athènes, il ne sut que deux rues de la ville, celle qui allait à la maison de Dieu et celle qui le conduisait aux écoles publiques Aussi se distingua-t-il dans les différentes thèses qu'il soutint devant les Facultés. Il obtint facilement les grades théologiques, et c'est là ce qui nous donne la clef de la solidité de son esprit et des connaissances profondes qu'on n'a cessé d'admirer en lui.

Dieu l'avait choisi pour offrir les sacrifices, l'encens et les parfums, qui appellent sa miséricorde sur son peuple (1), et quand vint le moment d'être élevé au sacerdoce, le coadjuteur du cardinal de Bernis le rappela dans son diocèse et lui conféra l'ordre sacré de la prêtrise. Il le plaça ensuite au collége d'Albi, où il occupa successivement plusieurs chaires, et parvint enfin à être nommé préfet des études, charge importante dans l'ancienne organisation de nos colléges.

Dès-lors, quoique voué tout entier à l'éducation de la jeunesse, il trouvait encore assez de loisirs pour s'adonner à la prédication, soit dans les différentes églises d'Albi, où il acquit une véritable réputation d'orateur, soit dans les églises des paroisses voisines. Il nous a raconté lui-même, et il le faisait sans la moindre ostentation, qu'il avait prêché une station quadragésimale à

----

(1) Elegit ipsum Dominus..... offerre sacrificium Deo, incensum et bonum odorem pro populo suo. *Eccli.*, 45.

Lescure et une autre à Castelnau-de-Lévis, et qu'il avait produit partout les plus grands fruits de salut.

Il en était là, lorsqu'un personnage haut placé dans l'administration ecclésiastique du diocèse de Paris, qu'il avait eu occasion de connaître intimement à Toulouse, lui écrivit pour lui offrir, au nom de son archevêque, une cure importante aux environs de la capitale, lui faisant espérer, dans un avenir prochain, d'autres positions plus élevées. M. Pujol, avant de répondre à la lettre du vicaire général de Paris, voulut en conférer avec son oncle, et ce saint religieux, inspiré peut-être par l'esprit d'en haut, et peut-être aussi fléchi par les prières et les larmes de sa sœur, conseilla à son neveu de refuser la position qui lui était offerte. Le jeune prêtre obéit et revint aussitôt au collége retrouver ses élèves.

A peine arrivé à Albi, il fut mandé par le coadjuteur qui avait été instruit de ce qui se passait et qui, pour l'engager à ne pas quitter le diocèse, lui fit la promesse de lui donner la première cure vacante.

II.

M. Pujol nommé à la cure de Valence; — Prieuré de Sainte-Quitterie; — Exil; — Séjour en Espagne; — Amitié de don Pastor et de don Juan.

Quelques mois s'étaient écoulés à peine depuis la promesse du coadjuteur; M. Pujol était rentré au sein de la famille pour s'y reposer des fatigues de l'année et y puiser de nouvelles forces pour reprendre encore cette vie si monotone du collége. Un soir, tandis que toute la famille était assise sur le seuil de la porte, à l'ombre d'un grand chêne séculaire, on vit paraître un cavalier haletant, tout couvert de poussière et de sueur, qui alla droit à l'abbé Pujol et lui remit les lettres qui l'instituaient curé de Valence en Albigeois. Sa mère, en apprenant la cause du message, fondit en larmes et conjura son fils de ne pas accepter une position qui l'éloignait tant de sa famille et le plaçait, lui si habitué aux doux climats de la plaine, dans une montagne lointaine et inconnue.

M. Pujol, s'arrachant des bras de sa mère, se rendit à Lisle, pour consulter son oncle qu'il avait toujours regardé comme son guide. Sa mère l'y suivit de près : elle voulait essayer encore de plaider en faveur de l'amour maternel. Mais cette fois le saint religieux fut sourd aux prières de sa sœur et dit à son neveu : « Mon ami, c'est le Seigneur qui vous parle : *Quittez* « *votre parenté; sortez de la maison de votre père; venez* « *en la terre que je vous montrerai* (1). Ne soyez pas sourd « à cette voix, mon ami; allez à Valence, c'est le Ciel « qui vous y envoie. »

Le vénérable M. Pujol racontait souvent cette scène touchante de la famille, et le bon vieillard ne pouvait le faire sans émotion et sans qu'on vît de grosses larmes rouler dans ses yeux.

Il se rendit à Valence, et c'est là que le surprirent les premières agitations de cette révolution qui devait faire tant de victimes et lui ménager à lui-même la brillante couronne de *Confesseur de la Foi*. Dans cette paroisse, la première qu'il ait eu à diriger, sa conduite fut

---

(1) Egredere de cognatione tuâ, et de domo patris tui, et veni in terram quàm monstrabo tibi. *Genes.*, 12.

celle d'un prêtre éclairé et pieux; son influence s'étendit même dans les paroisses voisines. Aussi, lorsque le district de Valence eut à nommer un député pour le représenter dans ces réunions préparatoires où se débattaient tant de grands intérêts, tous les suffrages, nonseulement de Valence, mais encore ceux de tout le district, se portèrent sur M. Pujol.

Son mandat rempli, il ne rentra pas dans sa première paroisse. On lui offrit comme marque d'estime le Prieuré si important alors de Sainte-Quitterie, près Rabastens, en Albigeois. Là, il se retrouvait presque dans ces mêmes campagnes où s'étaient écoulées les premières années de sa vie. Sur le point d'accomplir un grand sacrifice, il semble qu'il y était venu pour se retremper dans les premières impressions de la piété cléricale et s'exciter encore à la fidélité à sa vocation, en retrouvant les témoins de ces élans pieux qui le conduisirent, jeune encore, aux pieds des autels.

A cette époque nous approchions toujours de plus en plus de la tempête sociale qui devait tout bouleverser : de fausses doctrines apparaissaient de toutes parts ; jusques dans les campagnes, on exploitait la crédulité des ignorants, et l'on s'insinuait dans l'esprit des faibles par de séduisantes erreurs et par des promesses de liberté ou plutôt de licence. L'impiété et l'anarchie allaient déborder sur la France.

Le 22 juillet 1790, l'assemblée constituante décréta la constitution civile du clergé, et un serment sacrilége fut imposé aux prêtres. Que fera M. Pujol dans une circonstance si critique ? Il refusera héroïquement le serment; et du haut de la chaire chrétienne, il essayera de lutter, comme il l'a fait à Valence, pour arrêter le torrent qui se précipite. Jamais peut-être plus qu'à cette époque, il nous l'a dit bien souvent, il n'a travaillé avec plus d'ardeur à propager l'instruction parmi le peuple ignorant des campagnes, en lui expliquant clairement la véritable science du salut et lui faisant comprendre le secret de sa destinée et de ses devoirs.

Cependant la tempête devenait de jour en jour plus menaçante et le danger plus prochain. C'est alors qu'un intrus audacieux, placé frauduleusement sur le siége d'Albi, envoya ses lettres-circulaires à tous les prêtres du diocèse. Quelques-uns se laissèrent malheureusement entraîner et entrèrent en communion avec l'usurpateur sacrilége. M. Pujol, non-seulement refusa d'accepter les lettres de l'intrus, mais encore, lorsque le cardinal de Bernis eut fulminé contre l'usurpateur de son siége la sentence d'excommunication, le jeune prieur lut, une première fois, du haut de la chaire chrétienne, la lettre pastorale de son archevêque et la fit suivre d'une instruction, dans laquelle il expliquait à ses ouailles sa conduite et ses devoirs dans une circonstance si difficile. Enfin, lorsqu'il vit que toute lutte devenait impossible, il fit sonner encore les cloches de son église et rassembla son peuple une dernière fois. Il lui fit de touchants adieux et lui lut de nouveau avec une énergie et un courage extraordinaires la lettre-circulaire du cardinal de Bernis, qui excommuniait l'usurpateur. Tout le monde fondait en larmes, excepté quelques audacieux scélérats, presque tous étrangers à la paroisse, qui, n'ayant osé entrer dans l'église, ne cessaient de vociférer au-dehors des menaces contre l'intrépide prieur.

Il fut des derniers à quitter la lutte, et ne sortit de France qu'à regret. Il s'arrêta deux mois à Toulouse, autres deux mois à Ax, peut-être dans l'espoir qu'une heureuse réaction s'opérant dans les esprits, le bien pourrait à la fin triompher du mal. Mais il ne devait pas en être ainsi : l'échafaud se dressait partout menaçant; les têtes les plus illustres et les plus vénérables tombaient sous la hache révolutionnaire, et ce ne fut qu'alors que le jeune prieur de Sainte-Quitterie quitta résolûment la France, pour aller demander un asile à la terre étrangère.

L'Espagne devint sa seconde patrie. Mais que de privations, que de poignantes douleurs, que de souffrances il eut à essuyer pendant les deux premières années de son exil ! Sa santé en fut si profondément altérée, qu'il eut à craindre pendant quelque temps de ne plus revoir sa patrie. Comme tous les autres prêtres français, il vivait de ses honoraires de messes, et recevait l'hospitalité, moyennant salaire, chez les religieux de l'ordre de saint François, dans la ville de Tobarre.

Dans cette ville se trouvait un jeune et riche seigneur espagnol, nommé don Perez Pastor, qui, par un sentiment de commisération pour les prêtres français, en faisait venir un chaque jour chez lui, afin de dire la messe dans la chapelle du château; et ce jour là, il se faisait un honneur de l'admettre à sa table.

On remarqua bientôt au couvent des Franciscains que le tour de don Juan (c'est ainsi qu'on appelait M. Pujol en Espagne) arrivait plus souvent que celui des autres; don Pastor finit même par l'admettre tellement dans son intimité qu'il voulut l'avoir toujours chez lui et lui donner une entière hospitalité. Dès-lors le sort de M. Pujol changea complètement ; il aurait été heureux, nous disait-il, s'il n'avait eu continuellement à la pensée l'absence de la patrie, l'éloignement de la famille, et surtout les malheurs de l'Eglise de France.

Dans sa nouvelle position, il fut utile à ses compagnons d'infortune et parvint plus d'une fois à adoucir l'amertume de leur exil.

Voici un trait qui prouve jusqu'à quel point il poussait l'amour pour ses compatriotes malheureux : — Il y avait à Tobarre un jeune émigré, qui n'ayant aucun moyen d'existence, s'était mis au service de quelque personnage riche de la contrée. M. Pujol connut ce jeune homme, qui était doué de bonnes qualités, et lui accorda une protection toute particulière. Le voyant sans place et réduit à la misère, don Juan, à qui le seigneur espagnol avait donné jusqu'au droit de changer les domestiques de sa maison, renvoya le valet de chambre de don Pastor, dont celui-ci avait du reste à se plaindre, et mit à sa place le jeune français. Dès le principe, le noble espagnol s'accommoda fort peu de son nouveau serviteur, et chaque jour il conjurait son ami de l'en délivrer. Le seul grief qu'il lui reprochait, c'était de ne pas savoir lui faire la barbe d'une manière convenable. Quoique les plaintes de don Pastor ne fussent que trop fondées, don Juan voulait cependant conserver son protégé. C'est pour cela qu'à partir de ce jour, il le fit venir chaque matin auprès de lui, et pour qu'il fît l'apprentissage de son métier, il lui confiait le soin de sa barbe (1). De cette manière, le

---

(1) Ce trait prouve d'autant plus le patriotisme de M. Pujol, que jamais auparavant il n'avait voulu se servir pour cette opération du secours d'une main étrangère. Dans son extrême vieillesse, alors qu'il était déjà centenaire, il se rasait encore de sa main. Il s'était rasé lui-même le 18 juillet, cinq jours avant sa mort.

jeune valet de chambre devint bientôt un excellent bar-
bier et put ainsi conserver sa place dans la maison de
son nouveau maître.

Huit années se passèrent au sein de la famille de don
Pastor, et pendant ce temps-là don Juan sut si bien gagner
les bonnes grâces du seigneur espagnol qu'il devint pour
lui l'ami le plus intime et son conseiller dans toutes les
affaires de quelque importance. On pourrait même dire
qu'il devint en quelque sorte son maître, car il lui donna
non-seulement l'intendance de sa maison, mais encore
une espèce d'empire sur sa personne. Jeune encore, don
Pastor se sentait entraîné, malgré lui, par les séductions
de son cœur : il aimait la volupté, le luxe et la dépense;
et cependant, grâce à l'éducation chrétienne que lui avait
donnée sa mère, il comprenait, d'un côté, combien il était
de son devoir de ne pas tomber sous le joug des passions,
et de l'autre, combien il lui était difficile de triompher
seul dans cette lutte. Nouveau Télémaque, il lui fallait un
autre Mentor, et, dès ce moment, don Juan devint son
confident le plus intime. Comme le guide du fils d'Ulysse,
il fit plus d'une fois plier à sa volonté son jeune disciple,
tantôt par de sages conseils, tantôt par des remontrances
sévères. Leur intimité n'en éprouva cependant jamais la
moindre atteinte; au contraire chaque jour vint ajouter
un nouvel anneau à cette chaîne de l'amitié, qui devait
durer autant que la vie. Et quand vint pour don Juan
le moment de quitter la terre de l'exil, les deux amis ne
se séparèrent qu'après avoir versé des larmes et s'être fait
la promesse d'entretenir une correspondance intime pendant le reste de leurs jours. Aucun d'eux n'a failli à sa
promesse. Nous avons sous les yeux toutes les lettres que

don Pastor écrivait à don Juan, et ce qui nous a constamment frappé dans ces lettres, c'est que cette amitié, après cinquante ans d'absence, nous paraissait aussi forte, aussi vivace que le jour où ils se séparèrent en pleurant.

Voici ce qu'écrivait de Madrid don Pastor à son ami sous la date du 20 août 1845 :

MON BIEN CHER AMI,

Combien grand a été le plaisir que j'ai éprouvé en recevant les deux lettres que vous m'avez écrites le 24 juin dernier, et que vous avez remises à un ecclésiastique qui partait pour l'Espagne, en lui recommandant de les faire parvenir, l'une à Tobarre et l'autre à Madrid ! Je les ai reçues à peu d'intervalle l'une de l'autre, et je vous répète qu'elles m'ont causé une satisfaction toute particulière, attendu que votre long silence et votre âge avancé me faisaient craindre pour votre existence. Grâce à Dieu ! vous vous portez bien et vous êtes encore capable d'agir, puisque vous me dites que vous prêchez, que vous confessez et que vous remplissez tous les devoirs de votre ministère de curé, ce qui est un prodige à quatre-vingt-huit ans et huit mois d'âge, et je prie le Seigneur de vous conserver ainsi au moins jusqu'à *la centième année,*

Je n'avais reçu aucune lettre de votre part, quoique je ne me sois pas absenté de la capitale depuis longtemps avant les affaires d'Espartero, et ce manque de vos nouvelles me causait un véritable chagrin. Je vous rends donc mille actions de grâces pour les lettres qui m'ont tranquillisé sur votre compte.

Ma résidence à Madrid date déjà de plus de dix ans ; ma femme *(Rita)* se plaît ici plus que dans toute autre ville d'Espagne ; il en est de même pour moi, à cause de l'indépendance et de la liberté avec laquelle on y vit, pour moi surtout, qui n'ai aucune ambition et qui m'éloigne absolument des embarras politiques.

Je vis de mes rentes, sans avoir besoin de personne et sans être sujet à aucune obligation ; je mène une vie commode et heureuse. Je n'ai pas d'enfants ; ma femme, jeune encore, n'a que trente ans ; elle est vertueuse comme la première(1), d'un caractère aimable et d'un

---

(1) La première femme de don Pastor mourut à Montpellier. Elle y était allée avec son mari et sa sœur, afin de retrouver la santé sous les influences salutaires d'un climat plus doux, et aussi dans l'espoir (comme le dit don Pastor dans une de ses lettres) de trouver dans la science des médecins d'une faculté célèbre un traitement favorable. Don Pastor avait promis à M. Pujol d'aller le voir à Gaillac, avant de repartir pour l'Espagne ; mais il ne put exécuter son dessein. Il retourna dans sa patrie, la douleur dans l'âme, chargé des restes précieux d'une épouse adorée, qu'il voulut déposer avec un religieux respect dans le tombeau de ses ancêtres.

bon cœur, ce qui complète ma félicité. Nous rivalisons tous deux de santé, et, grâce à Dieu, elle a été jusqu'ici constamment bonne. Je tiens déjà mes soixante-dix ans et personne ne m'en donnerait plus de soixante; je me vois aussi bien portant, aussi droit et aussi robuste que lorsque vous me connaissiez de près.

Pour ce qui est des commodités de la vie, mes rentes actuelles me produisent le suffisant pour habiter ici un très-agréable quartier et une belle maison, dont le loyer, sans meubles, nous coûte 13,000 réaux par an. Nous avons une bien belle voiture avec des chevaux, des domestiques à livrée et très-bien habillés, une place à la comédie, et nous ne nous privons d'aucun plaisir, au moins de ceux qu'il est permis de se procurer.....

Je vous dirai que nous n'abandonnons pas encore l'idée de faire un voyage à Paris, car cette grande ville nous plaît beaucoup. On parle d'établir *un chemin de fer* de Bayonne à votre capitale, et je me promets bien d'aller y rester depuis le mois de juin jusqu'au mois d'octobre, pendant la plus grande partie des années que je vivrai; de sorte que je ne perds nullement l'espérance de vous revoir.

Quoi qu'il en soit, je vous recommande de m'écrire au moins une fois par mois : vous savez combien je vous aime et vous n'ignorez pas que vos nouvelles me font le plus grand plaisir *(y que sus noticias siempre me son del mayor agrado)*. Conservez-vous en bonne santé, recevez les affectueux compliments de mon épouse, et sachez que mon amour pour vous est toujours invariable et que je suis votre sincère ami.

Juan Perez PASTOR.

Ainsi voilà deux amis qui près d'un demi-siècle après s'être séparés, lorsqu'ils sont déjà arrivés l'un et l'autre aux dernières limites de la vie, conservent encore l'espérance de se revoir et de s'embrasser. Vaine espérance que le ciel n'a pas voulu qu'ils pussent jamais réaliser! Probablement don Pastor aura précédé son ami dans la tombe, car en se séparant, ils s'étaient dit qu'aussitôt que l'un d'eux manquerait de répondre aux lettres de l'autre, ce serait là une preuve qu'il aurait cessé de vivre. Or, depuis la lettre que nous venons de citer, don Pastor n'a plus donné signe de vie. Quelque temps après, dans la nécrologie d'un journal, on lut la mort d'un personnage espagnol député aux Cortès, du nom de don Perez Pastor, et depuis ce jour-là, don Juan n'a jamais oublié son ami dans ses prières. « *Seigneur,* s'écriait-il souvent, *donnez-lui le repos éternel et que votre lumière luise à jamais sur lui.* »

III.

Retour en France; — M. Pujol à Gaillac; — ses travaux; — études; — œuvres de charité; — économies domestiques.

Le culte n'était encore que toléré lorsque M. Pujol rentra en France. D'abord, il exerça le saint ministère dans son pays natal, évangélisant les contrées voisines et s'efforçant d'y faire revivre la foi que l'impiété révolutionnaire en avait bannie. Enfin, le concordat rendit à la religion la liberté du culte public et solennel. Partout les églises s'ouvrirent et les fidèles purent désormais sans crainte se prosterner dans le temple pour prier et adorer le Seigneur. C'est alors que l'ancien prieur de Sainte-Quitterie fut envoyé à Gaillac pour y occuper la cure de Saint-Michel. C'était en 1803.

A la seule pensée des difficultés qui devaient l'assaillir, M. Pujol hésita un instant devant l'importance du poste qui se présentait à lui, et sa première pensée fut de refuser la haute position qui lui était offerte.

Il s'en ouvrit à son oncle le Provincial (1) des Augustins, et ce vénérable vieillard lui fit accepter la cure de Saint-Michel, comme il lui avait fait accepter autrefois

---

(1) Le P. Gineste, à son retour d'Espagne, resta quelque temps à Saurs auprès de ses neveux. Il se rendit ensuite à Castres et mourut le 4 novembre 1808, à l'hôpital de cette ville. Son amour pour la pauvreté lui avait fait choisir cet asile et c'est là qu'il voulut terminer ses jours. Dans son testament, il institue pour ses héritiers, M. Pujol, son neveu, et le P. Dubar. MM. Gride et Mazars, prêtres de Castres, furent les exécuteurs testamentaires.

celle de Valence. Quelque temps après, M. Pujol lui écrivant pour le remercier de ses bons conseils, lui racontait l'accueil plein de sympathie et de bienveillance que lui avaient fait les habitants de Gaillac. On lira avec plaisir la réponse du P. Gineste à cette lettre de son neveu.

Castres, 16 août 1804.

« Vous ne sauriez vous former une idée, mon cher neveu, du plaisir que vous m'avez fait en m'apprenant que les égards qu'ont pour vous les habitants de Gaillac ont entièrement dissipé les craintes que vous avait fait naître l'importance du poste que vous occupez. Une telle conduite leur fait honneur ainsi qu'à vous ; c'est un acte de justice qu'ils vous rendent, qui confirme en même temps celui de vos supérieurs qui vous ont choisi pour remplir ce poste dont ils connaissaient toute l'importance ; et je ne doute pas qu'avec la grâce du Seigneur, vos lumières, votre piété et le zèle que je vous connais, vous n'en remplissiez dignement toutes les fonctions. Ainsi soit-il. Je ne vous en dis pas davantage, non par la crainte de vous enorgueillir, parce que vous savez le remède à ce mal : *Quid habeo quod a Deo non acceperim?* mais uniquement par la crainte de blesser votre humilité et de peur que vous ne me preniez pour un faiseur de compliments. Mais que cela ne vous vienne pas dans l'esprit, car je vous avoue que jamais je n'ai su en faire, je dis tout bonnement ce que mon cœur me dicte............ »

C'était en effet une mission importante et difficile : les ruines s'étaient amoncelées dans l'église de Saint-Michel qu'on avait fait servir longtemps à des usages profanes ; il fallait relever les autels, purifier le sanctuaire, restaurer tout ce que l'impiété s'était plu à dégrader. M. Pujol se mit aussitôt à l'œuvre avec zèle, et quoique des difficultés sans nombre soient venues de temps en temps l'assaillir, il n'a jamais cessé de poursuivre ce long travail de restauration qui a absorbé, pendant cinquante-deux ans, une grande partie de ses ressources personnelles. Mais ce n'était là qu'un bien matériel ; la régénération des âmes réclamait toute l'activité d'un zèle apostolique.

Former le cœur de ses nouveaux paroissiens, éclairer leur esprit par une exposition claire et précise de la doctrine chrétienne, détruire les germes funestes de division que l'esprit de parti avait fait naître au sein de la cité, voilà un des premiers devoirs qu'il s'appliqua à remplir. Et qui pourra jamais perdre le souvenir des instructions solides et variées du vénérable pasteur ? Qui pourra dire tous les efforts de son zèle, tous les élans de sa charité ? Pendant plus de quarante ans, il a voulu faire, lui seul, les instructions familières de la première messe du dimanche, ne voulant jamais se décharger de ce soin sur aucun de ceux qui partageaient les charges de son ministère. A part cela, il faisait à son tour le prône de la grand'-messe. Jusqu'en 1855, alors qu'il était déjà centenaire, il n'a jamais cessé de chanter la messe paroissiale du dimanche. Jamais il n'a pu se priver de célébrer lui-même les offices de la nuit de Noël et tous ceux de la Semaine sainte. *Il a loué le Seigneur de tout son cœur et donné de la pompe aux solennités de l'Eglise* (1). Conduite admirable qui dit hautement combien il estimait les fonctions de son ministère !

Aussi le Seigneur, *qui veut que ses prêtres soient comblés de bénédictions,* n'a pas manqué de bénir les travaux d'un pasteur si dévoué. Grâce à ses instructions et à son zèle, M. Pujol parvint à grouper autour du tribunal sacré, non-seulement tous les hommes de la cité, mais encore un grand nombre des populations voisines. Et quel est l'habitant de nos contrées qui a perdu le souvenir des

______

(1) De omni corde suo laudavit Dominum, et dedit in celebrationibus decus. *Eccli.,* 47.

deux missions célèbres qui furent données par ses soins, l'une en 1816, et l'autre en 1829 ? Que de zèle il déploya dans ces deux circonstances pour faire réussir une œuvre qui devait faire époque dans les annales de la cité, une œuvre qui venait couronner l'édifice qu'il avait élevé lui-même et qui complétait en quelque sorte l'éducation morale et religieuse de la ville de Gaillac !

Pendant ces deux missions, le vénérable curé ne se donnait aucun repos; il passait ses journées et souvent ses nuits entières à entendre les confessions des fidèles. Et ce fait ne s'est pas seulement produit pendant le temps heureux des missions, mais il s'est répété chaque année aux jours de pompe et de solennité chrétienne, surtout au temps pascal. *Le jour et la nuit*, aurait-il pu dire avec l'Ecriture, *le sommeil fuyait de mes yeux, parce que j'étais occupé à la garde de mon troupeau* (1).

Quand nous parlons des travaux apostoliques de M. Pujol, nous ne devons pas passer sous silence une œuvre modeste à laquelle il s'est toujours appliqué d'une manière toute particulière : c'est l'œuvre des catéchismes. *Laissez venir à moi les petits enfants*, disait le divin Sauveur à ses disciples, *et ne les empéchez pas d'écouter ma doctrine* (2); et M. Pujol, à l'exemple du divin Pasteur des âmes, a voulu, lui aussi, que les enfants eussent une large part dans ses œuvres. Il aimait à s'entourer de l'enfance, et il s'abaissait à lui répéter dans le plus simple langage les premiers éléments de la religion. Pendant cinquante

---

(1) Die noctuque fugiebat somnus ab oculis meis pro gregibus tuis, Domine. *Gen.*, 31.

(2) Sinite parvulos venire ad me et ne prohibueritis eos, *Marc.*, 10.

ans, il n'a cessé d'enseigner, chaque soir, la doctrine chrétienne aux pauvres manœuvres de la paroisse. Il s'efforçait de les attirer à son école, en leur distribuant journellement à chacun quelques pièces de monnaie, qu'il leur faisait accepter, non pas comme une aumône, mais comme la récompense de leur assiduité, de leur application et de leur bonne conduite.

Le matin, au point du jour, il réunissait pour le même objet les enfants de la campagne, et chaque dimanche, avant l'office du soir, tous ceux de la paroisse pour leur expliquer le plus simplement possible les premières notions du Catéchisme.

Chaque jour, après avoir célébré les saints mystères, il entendait les confessions, et comme tous ses moments étaient comptés, il passait le reste de la journée à réciter son office, à écrire ou à étudier ses prônes, à lire quelques pages des saints Pères ou des saintes Ecritures et à méditer la théologie. Cette étude tenait une large place dans l'ordre de ses exercices, et comme il avait toujours aimé le travail, et un travail sérieux, il dérobait chaque nuit quelques heures à son sommeil pour faire un pas de plus dans cette science sacrée qui enseigne les vertus dogmatiques et morales de la religion et qui dicte au prêtre la conduite qu'il doit tenir dans la direction des consciences. Il est vrai que la haute position qu'il occupait lui faisait un devoir spécial de l'étude de la théologie; mais quiconque connaissait le grand amour qu'il avait toujours eu pour le travail, reconnaîtra sans peine que ce n'était plus un devoir pour lui; c'était en quelque sorte un irrésistible besoin.

Son amour pour l'étude inspira au clergé des environs une haute opinion de sa science théologique. Il était consulté de toutes parts dans les cas difficiles et imprévus, et toujours la perspicacité de ses jugements, la profondeur de ses connaissances, la manière dont il motivait ses réponses donnaient à toutes ses décisions une autorité puissante après laquelle il n'était plus possible de conserver le doute. Du reste, il était toujours en garde contre ses propres lumières. Consulté lui-même, il sentait souvent le besoin de consulter les autres, et c'est là une preuve de plus de son mérite et de la rectitude de son jugement.

Quant à sa charité, on peut dire qu'elle a été inépuisable et que jamais il n'est resté dur et insensible à l'aspect de la misère et de la souffrance d'autrui. Il est vrai que la charité est obligatoire; l'Evangile nous en fait un précepte. Mais quelle est la limite de cette obligation ? Quelles en sont les règles et la formule ? Evidemment la charité ne peut avoir ni règles fixes ni formule invariable; sa beauté, c'est d'être portée jusqu'à ce dévouement héroïque qui nous fait priver nous-mêmes, non-seulement du superflu, mais encore du nécessaire pour le verser ensuite à pleines mains dans le sein des malheureux. Voilà précisément ce qu'a fait M. Pujol. Mieux que personne, il savait que *Celui qui donne aux malheureux prête au Seigneur et qu'il lui prête à gros intérêt; car Dieu ne lui rendra pas seulement une fois ce qu'il fait pour les pauvres, il lui rendra sept fois autant.* (S. Basile, sur les Prov., 17.) Chaque dimanche, à la sortie de la grand'messe, il donnait l'aumône à tous les pauvres qui se présentaient, et le jour du Jeudi saint, lors de la visite des églises, deux clercs le précédaient distribuant des secours à tous ceux qui stationnaient sur le passage des fidèles pour implorer leur commisération. Mais ce n'était pas assez pour M. Pujol de ces aumônes générales : il avait des pauvres de prédilection auxquels il donnait bien plus qu'aux autres; il les appelait *ses pensionnaires.* C'étaient des pères de famille, chargés d'enfants, et qui n'osaient mendier le pain à la porte du riche; c'étaient des vieillards malheureux qui avaient été autrefois dans une honnête aisance et que des infirmités précoces avaient réduits à la misère; c'étaient de pauvres veuves sans ressources; c'étaient des orphelins abandonnés. A ceux-là il faisait en quelque sorte une espèce de *pension;* l'aumône était pour eux un droit acquis, et, chaque semaine, ils venaient recevoir la solde, qu'il leur distribuait le plus secrètement possible. A part ces aumônes, il y en avait d'autres qu'on peut appeler de circonstances, parce qu'elles ne se présentaient pas régulièrement. Ainsi, quand on venait le chercher pour un malade et qu'il s'apercevait qu'il était chez des gens pauvres ou peu aisés, il ne sortait jamais sans avoir laissé quelques secours au sein de la famille; et lorsque ces dames pieuses qui se font un devoir d'accourir auprès des malades, venaient faire un appel généreux à sa charité, jamais elles ne se retiraient sans avoir reçu d'abondantes aumônes.

La charité, c'est-à-dire l'amour de Dieu et l'amour du prochain (et ces deux amours étaient portés chez lui à un degré bien élevé), la charité, surtout quand elle va jusqu'au dévouement, est la source féconde de toutes les autres vertus chrétiennes. Une admirable connexion les enchaîne; en sorte qu'une seule, parfaitement possédée, entraîne toutes les autres avec elle. *Vous aimerez le Seigneur, votre Dieu,* a dit Jésus-Christ, *de tout votre cœur, de toute votre âme et de tout votre esprit. Vous aimerez le prochain comme vous-même : voilà toute la loi.* (S. Math. 22.)

Admirable charité ! il suivait encore vos sublimes inspirations, ce saint et zélé pasteur, lorsqu'il méditait ces deux belles pensées : *Instruire les enfants du peuple et leur enseigner la vertu, avec les connaissances usuelles de la vie ; — instruire l'homme fait et lui enseigner la voie du Ciel,* pensées magnifiques qui résument les grandes œuvres de M. Pujol et qui ont fait la plus grande préoccupation de sa vie.

A son arrivée à Gaillac, il avait trouvé répandue partout l'ignorance la plus complète en matière de religion, et c'est pour cela que nous l'avons vu constamment occupé de l'éducation du peuple et des pauvres habitants des campagnes, soit dans ses instructions familières, soit dans ses catéchismes. Il comprenait cependant combien restreinte était cette éducation qu'il pouvait donner, seul, au milieu de toutes les autres préoccupations du ministère, et dès le premier moment il avait conçu la pensée de se procurer des aides dans les enfants du bienheureux La Salle. Mais comme il ne pouvait tenter cette grande entreprise avec ses seules ressources, il essaya plusieurs fois de frapper à la porte du riche. Longtemps ses efforts furent infructueux (1). A la fin pourtant il trou-

---

(1) C'est alors qu'il conçut le projet de faire plus tard avec ses seules ressources, ce qu'il ne pouvait faire avec le concours d'autrui. C'est pour cela que tous les ans il ajoutait une nouvelle somme, produit de ses économies, à celle dont il pouvait disposer alors, et qui se composait de ses honoraires de messes pendant qu'il était chez Don Pastor, de son patrimoine et des successions de son oncle le P. Gineste et de l'abbé Anduze. Avec cela il pouvait espérer de réaliser un jour son projet, quoique dans un avenir lointain. Mais lorsqu'il vit que la Providence venait à son secours pour fonder son établissement chéri, il s'occupa aussitôt de disposer de ce qu'il appelait *son trésor,* et dès lors plus de trente mille francs furent distribués soit à l'église, soit en bonnes œuvres. Il n'avait pas thésaurisé pour lui, mais pour le bien de l'humanité.

va deux cœurs généreux capables de comprendre le sien; à leurs dons, il unit ses largesses; une magnifique école fut construite dans un local spacieux, et le 10 novembre 1845, les Frères de la Doctrine chrétienne furent solennellement installés dans cette école par le vénérable Archiprêtre de Gaillac, qui peut, à juste titre, en être regardé comme le fondateur.

Tant que sa santé le lui a permis, il a visité fréquemment l'Etablissement des Frères, et lorsque ses forces affaiblies par l'âge ont refusé de servir plus longtemps l'ardeur infatigable de son zèle, il a voulu du moins que les bons Frères vinssent le visiter à leur tour. Ne pouvant interroger les élèves, il se plaisait à causer sur leur compte avec leurs maîtres, et il le faisait toujours avec un intérêt touchant qui partait du cœur.

L'établissement des Frères était bien la première des grandes œuvres qu'il avait conçues, mais il ne put la réaliser que dans les dernières années de son ministère. Elle devait être la couronne de ses travaux et de son zèle.

Il ne se reposait pourtant pas dans la méditation de cette pensée, et tandis qu'il cherchait à vaincre les difficultés, il consacrait des sommes considérables à former des élèves du sanctuaire. Toutes les fois qu'on lui proposait un jeune homme appartenant à quelque famille peu fortunée et qui montrait d'heureuses dispositions pour la science et pour la vertu, il s'engageait à fournir à ses dépenses pendant tout le temps de ses études. De cette manière il préparait des ministres à l'Eglise, et au peuple, des maîtres pour lui enseigner la vraie science qui conduit au Ciel.

Mais qui pourra dire toutes les privations et les économies de tout genre qu'il était obligé de s'imposer pour satisfaire les exigences de son inépuisable charité? Son vestiaire était toujours dans un dénûment si complet que, si l'on n'avait connu son amour pour le bien, on eût pris ce dénûment pour le résultat de l'avarice. Sa nourriture était si frugale et si simple, qu'on ne vit jamais paraître sur sa table de ces mets exquis et délicats qu'on recherche tant de nos jours (1). Son ameublement était si modeste, qu'il ne dénotait nullement un homme qui occupe un rang élevé dans la société. Tout le monde en était frappé, et l'on se retirait plein d'admiration pour le prêtre qui savait si bien pratiquer la simplicité des temps évangéliques.

IV.

Qualités de M. Pujol; — relations avec le monde; — rapports avec NN. SS. les Archevêques d'Albi.

Les détails dans lesquels nous allons entrer dans ce chapitre pourront paraître puérils à ceux qui aiment à trouver dans tout ce qu'ils lisent un intérêt toujours croissant, des événements bruyants, des secousses émouvantes et imprévues. Ce n'est pas pour eux que nous écrivons cette Notice. Nous n'avons à raconter que les vertus modestes d'un humble serviteur de Dieu, et il n'y a que les humbles et les simples qui pourront s'édifier en lisant ceci. Ils savent, eux, toute la différence qu'il y a entre un héros de roman et un héros du christianisme. Cela dit, poursuivons notre récit.

______

(1) M. Pujol, à cette grande frugalité, joignait une scrupuleuse exactitude pour l'observation des lois de l'Église qui ont rapport au jeûne et à l'abstinence. Jamais il n'a voulu, dans les derniers jours de sa vie, qu'on lui servit des aliments gras le vendredi et le samedi; il a observé constamment quoique centenaire les jeûnes de l'année, même ceux du carême.

Mon cher neveu (écrivait le P. Gineste à M. Pujol, alors archi-prêtre de Gaillac), M. Guyot vous a dit que j'étais bien content dans ma retraite, et il vous a dit la vérité. Accoutumé depuis mon retour d'Espagne à vivre seul, je me suis fait une telle habitude de la solitude, que je resterais des mois entiers sans sortir de ma chambre, quoique la sœur supérieure ne cesse de me dire, ainsi que beaucoup d'autres de mes amis, que je suis trop sédentaire. Cependant je sors quelquefois; j'ai pris même quelques repas en ville. Il y a ici (à Castres) plusieurs prêtres avec lesquels j'ai déjà fait connaissance. Nous nous visitons de temps en temps; mais je ne vous cacherai pas que toutes les fois que la bienséance m'oblige de faire des visites, je quitte toujours ma chambre avec peine et j'y rentre avec grand plaisir. Je ne vous donne tous ces détails que parce que je sais que nous avons sous ce rapport la même manière d'agir. Tenez-vous-en là; vous vous en trouverez bien.....

Fidèle aux conseils de son oncle, M. Pujol ne sortait guère de chez lui que lorsque ses devoirs ou la bienséance lui en faisaient une obligation. Il ne voyait aucune des familles de sa paroisse d'une manière particulière; mais moins il se prodiguait, plus il était désiré. Du reste, l'amabilité de son caractère, les grâces et l'à propos de son esprit, l'aménité et la simplicité de ses manières, jointes à un certain air de grandeur naturelle qui plaît, faisaient que sa conversation était recherchée de tout le monde. Les gens d'esprit surtout se plaisaient à sa société et aimaient à vivre avec lui dans une étroite intimité. De là, les invitations nombreuses qui venaient le trouver dans la solitude du presbytère et qu'il n'acceptait que lorsqu'il y était poussé par les exigences de sa position ou par les devoirs de la bienséance. Que de fois il a été sollicité par ses amis d'aller passer quelques journées à la campagne au sein de leur famille! mais jamais, pendant les 52 ans de son ministère, il n'a voulu s'absenter plusieurs jours de suite, et lorsque ses devoirs l'appelaient à la ville principale du diocèse ou dans quelque paroisse de son arrondissement, il rentrait toujours le soir au presbytère; Deux fois seulement, il a couché hors de sa paroisse, estimant qu'il était d'un devoir rigoureux pour un pasteur de se trouver sans cesse au milieu de ses ouailles.

Il y avait une espèce d'antipathie entre lui et le monde, et cependant il ne fuyait pas entièrement la société; au contraire, il était heureux lorsqu'il pouvait réunir autour de lui quelques-uns de ses collègues pour causer intimement avec eux sur les devoirs de son état et puiser dans leur conversation un nouvel aliment à l'ardeur infatigable de son zèle. Ce qui frappe surtout dans toutes ces relations, c'est que son humilité et sa modestie étaient si grandes qu'il ne faisait jamais paraître au-dehors la supériorité que lui donnait la haute position qu'il occupait dans l'Eglise : il traitait ses inférieurs comme ses égaux, les invitait à venir le visiter souvent et les admettait à sa table avec la plus cordiale fraternité.

La prudence fut aussi une des vertus qu'il posséda à un degré supérieur. Et quel est celui qui n'a admiré constamment l'à propos de ses démarches et cette prévoyance si sage et si admirable qu'il montrait en toutes choses? Rien dans sa vie qui ne soit fait avec poids et mesure, rien qui ne soit conforme aux exigences les plus sévères, non-seulement de la prudence chrétienne, mais encore de la prudence humaine. Depuis son retour d'Espagne, il avait assisté à une foule de transformations politiques, et jamais on n'avait pu lire au fond de son cœur, je ne dirai pas ses haines (il n'y en eût jamais en lui), mais ses sentiments intimes et ses pensées par rapport à telle ou telle forme de

gouvernement. Il avait pourtant dans son âme des affections et des sympathies politiques : il avait toujours
religieusement conservé le culte sacré du passé.

Mais tout cela se bornait chez lui à des vœux et à
des prières. Il savait avant tout que l'esprit de parti
ranime les discordes, ramène les haines dans la société
et allume parfois la guerre au sein même du foyer do-
mestique ; et sa mission, qu'il a toujours considérée comme au-dessus de toutes les missions humaines, n'avait
d'autre but que d'éteindre ces mêmes discordes, ces
mêmes haines, ces mêmes querelles, en apportant aux
hommes cette paix du Ciel qui fait le charme et le
bonheur de la vie.

Telle fut sa prudence ; et cette qualité jointe à toutes
les vertus particulières à son état et aux bonnes œuvres
qu'il n'a cessé de pratiquer, lui acquit, non-seulement la
vénération des fidèles confiés à ses soins, mais encore
celles des populations voisines. Les archevêques d'Albi,
ses supérieurs ecclésiastiques, professaient eux-mêmes
pour lui une particulière estime, qui, dans sa vieillesse,
s'était traduite en respect et vénération.

Lorsque Mgr Fournier, ce prélat éminent, qui dirigeait à la fois le diocèse de Montpellier et celui d'Albi,
vint à Gaillac faire sa première visite pastorale, il fut
tellement frappé de la vivacité d'esprit et de la solidité
des connaissances de M. Pujol, qu'il dit aux personnes
qui l'entouraient : *Je ne demande que trois autres prêtres
de la trempe de M. Pujol dans tout le diocèse d'Albi.*

Depuis ce moment, Mgr Fournier lui voua une affection particulière qu'il lui témoignait par ses lettres et
par le plaisir qu'il prenait à converser avec lui.

Le savant et illustre prélat qui gouverna le diocèse d'Albi après Mgr Fournier se plaisait aussi à la compagnie du curé de St.-Michel; il venait souvent le visiter et passer plusieurs jours chez lui. C'est ce qu'il appelait *ses vacances.* « Préparez-moi ma chambrette, lui écrivait Mgr Brault; j'arriverai lundi chez vous pour y passer deux et peut-être trois jours. »

Lorsque Mgr de Gualy monta sur le siége archiépiscopal d'Albi, M. Pujol était déjà arrivé à un âge bien avancé, et cependant son esprit avait conservé toute sa vivacité, et son intelligence, toute sa profondeur.

« Monsieur le Curé (lui écrivait ce saint prélat), *plein « de vénération* pour votre personne et *pénétré de vos « mérites,* je ne perdrai pas de vue les demandes que « vous m'avez fait l'honneur de m'adresser................

« Je suis avec *une vénération profonde,* Monsieur le « Curé, votre très-humble et très-obéissant serviteur. »

Très-respectable curé, vénérable confrère, telles sont les expressions dont s'est toujours servi en lui écrivant le pieux et illustre prélat qui occupe aujourd'hui avec tant de grandeur et de dignité le siége archiépiscopal d'Albi.

« *Mon très-vénéré curé,* lui écrivait un des grands-vi- « caires, à la date du 2 août 1851, *le matin du lundi où « j'étais à Gaillac, je craignis de troubler votre sommeil « et je dus partir de votre ville sans avoir eu l'honneur de « vous voir; j'en étais d'autant plus chagrin que je vous « vénère plus qui que ce soit, et que je suis avec plus d'affec- « tion, etc.* »

Monseigneur vous regarde comme le prêtre le plus vénérable du diocèse, lui faisait écrire, il y a peu de temps encore, ce grand prélat par l'organe de son grand-vicaire.

En faut-il davantage pour prouver toute l'estime et toute la vénération dont les archevêques d'Albi ont sans cesse environné le digne archiprêtre de Gaillac ?

V.

Sa démission ; — ses dernières années ; — sa maladie ; — sa mort ; — ses funérailles.

M. Pujol était entré dans sa 98ᵉ année, et il n'avait cessé de remplir avec une scrupuleuse exactitude toutes les fonctions de son ministère. Il comprenait cependant que le fardeau était trop lourd pour son âge et que ses forces commençaient à trahir son zèle et son activité toujours jeunes. C'est dans ces circonstances que Mgr l'archevêque d'Albi députa auprès du vénérable vieillard un de ses grands-vicaires pour lui demander s'il ne jugerait pas à propos, après un siècle de vertus et de combats, de mettre bas les armes et de se retirer dans la solitude du presbytère. M. Pujol était si attaché à son peuple, que son premier mouvement fut de répondre qu'il ne pouvait se résoudre à se démettre de sa charge, et qu'en conséquence il devait mourir curé de Saint-Michel. Quelques jours après, le pieux vieillard ayant consulté sa conscience et ses livres, disait à celui qui écrit ces lignes : « *Oui, je suis décidé à me démettre de ma cure ; j'y ai réfléchi mûrement et je dois me résoudre à ce pénible sacrifice.* » Le même jour, le vénérable archiprêtre signait sa démission qu'il envoyait à ses supérieurs ecclésiastiques, avec prière de lui donner au plus tôt un successeur.

M. l'abbé Cavalié, ancien aumônier de l'école de Sorèze, curé de Notre-Dame de la Platée de Castres, fut désigné pour occuper la cure de Saint-Michel de Gaillac et vint prendre possession de sa dignité le jour de la fête patronale de sa nouvelle paroisse. Personne n'a oublié la scène touchante qui se passa lorsque le nouveau curé se présenta à la porte de l'église. Là, l'attendait le vénérable vieillard avec tout le clergé de la ville et la population entière. Il le prit par la main et le conduisit à l'autel. Là, il se dépouilla des insignes de sa charge, l'en revêtit lui-même, et malgré les émotions qui agitaient son âme, il le présenta à son peuple. Les larmes coulaient de tous les yeux et l'on entendait éclater de tous côtés des sanglots que les fidèles avaient peine à étouffer. Dès ce moment, M. Pujol se concentra dans la solitude la plus profonde, ne sortant de chez lui que pour aller à l'église célébrer la sainte messe. Le reste de la journée était consacré à la lecture et à la prière. Plein d'une noble simplicité, il refusait obstinément tous les honneurs et tous les hommages dont l'entourait son digne successeur; mais il conservait toujours, malgré lui, le premier rang, et le nom de *jeune curé,* que le peuple donnait au nouveau pasteur, indiquait bien que la paroisse avait encore un autre père. Plus le temps avançait, plus cette vénération augmentait; c'était, on peut le dire, un culte anticipé.

Quoique exempt des infirmités qui accompagnent ordinairement la vieillesse, ses jambes s'affaiblirent à un tel point qu'il dût renoncer à se rendre à l'église pour y dire la messe, et cette privation fut peut-être la plus pénible qu'il ait ressentie de sa vie. Il ne se plaignait pourtant pas; il savait se résigner et supporter avec patience les épreuves que lui ménageait la Providence. Ce fut au mois d'août 1856 qu'il se rendit à l'église pour y célébrer pour la dernière fois les saints mystères. A partir de ce jour, grâce à la haute bienveillance de l'illustre et vénéré pasteur du diocèse, une chapelle fut organisée dans le salon de l'ancien presbytère. De cette manière, M. Pujol put assister chaque semaine au saint sacrifice et recevoir son Dieu dans son cœur.

Le saint vieillard était entré dans sa 100ᵉ année, et depuis deux mois à peine il avait dû renoncer à la récitation du saint office. Le bréviaire était pourtant toujours à ses côtés : ne pouvant le réciter, il voulait du moins l'avoir sous ses yeux et ne le perdre jamais de vue. Dès-lors toutes ses journées se passaient à réciter le chapelet et à lire quelques leçons du Catéchisme. Le chapelet ! qui est l'expression la plus simple et la plus naïve de la piété chrétienne et le symbole d'un dévouement filial à Marie ! Oh ! qu'il aimait, le bon vieillard, à réciter et à répéter souvent cette double prière de la *Salutation angélique :* Je vous salue, Marie, etc.; Sainte Marie, priez pour nous, etc., et cette prière, qui avait toujours été pour lui, dans les joies comme dans les tribulations, la plus douce consolation de la vie, doit être encore sa prière de prédilection lorsqu'il est déjà arrivé à la fin de sa course.

Le catéchisme ! ce livre si naïf et si simple, qui est pourtant à lui seul l'abrégé le plus complet de la science théologique. Le vénérable centenaire aimait surtout à méditer ce verset : *Dieu nous a créés et mis au monde pour le connaître, l'aimer, le servir, et par ce moyen obtenir la vie éternelle;* vérité à la fois sainte et sublime ! simple, parce qu'elle parle clairement même à l'intelligence de l'enfant, sublime, parce qu'elle résout à elle seule le double problème de notre destinée et de nos devoirs.

Ainsi ses journées s'écoulaient entre la prière et la méditation, qui étaient devenus désormais l'unique aliment de son âme.

Cependant approchait le terme assigné à cette longue et belle carrière. Le vieillard avait longtemps *combattu les combats du Seigneur, il avait consommé sa course, conservé sa foi; il n'avait plus qu'à recevoir la couronne de justice que le juste Juge réserve à ceux qu'il aime.* Le 18 juillet, vers les 11 heures du matin, M. Pujol éprouva un peu de malaise qui ne dura pas longtemps et qui ne parut pas très-grave aux personnes qui l'entouraient. Il causa comme à l'ordinaire avec son médecin et lui raconta, avec une présence d'esprit qui nous frappa, une de ces scènes de la révolution qu'il se plaisait tant à raconter. Le soir, le malaise revint, et M. Pujol sembla comprendre qu'il était arrivé aux derniers jours de sa vie. C'est alors qu'ayant levé ses mains vers le ciel, il s'écria : *Mon Dieu, si vous voulez que j'accomplisse le dernier sacrifice, que votre sainte volonté soit faite!* Ce furent peut-être là les dernières paroles qu'il prononça d'une manière bien distincte. Il s'endormit ensuite d'un sommeil qui nous parut paisible. Vers minuit, il se réveilla; une nouvelle crise se déclara; les efforts de vomir devinrent plus fréquents; une agitation nerveuse s'empara de tous ses membres; une alternative de froid et de chaleur se manifesta sur tout son corps; et pendant cette crise, le centenaire vieillard, quoique oppressé par la douleur, récitait d'une voix précipitée et peu distincte, le *Miserere mei,* d'autres psaumes et d'autres prières. Puis, il balbutiait des paroles inintelligibles : il priait encore, sans doute. Bientôt son état devint très-alarmant. Aussitôt arrivèrent auprès du malade son successeur qui le vénérait, son confesseur et son petit-neveu, prêtre comme lui. Celui-ci ne devait plus quitter son oncle jusqu'à ce qu'il eût rendu son âme à Dieu. C'était à lui qu'était réservé l'honneur de fermer les yeux au vieillard et de recueillir son dernier soupir.

Dans la matinée, le malade plus calme montra une connaissance complète, et l'on put alors le confesser et lui administrer, avec le saint viatique, le dernier sacrement des vivants. Les sons de la cloche annoncèrent au peuple qu'on allait porter au saint malade les secours de la religion, et le peuple accourait en foule pour prier le bon Dieu de conserver encore le vieillard vénérable dont la présence bénie honorait en quelque sorte la cité. Tout le clergé de la ville, un flambeau à la main, accompagnait le Saint des Saints, en récitant les prières d'usage. Le malade, quoique dans l'impossibilité d'exprimer ses pensées, témoignait cependant par ses gestes et ses mouvements de tête qu'il comprenait ce qui se passait autour de lui, et au mouvement de ses lèvres, on voyait bien qu'il était tout absorbé dans la prière et dans la grande pensée du Ciel.

La cérémonie terminée, une autre crise plus violente que les autres se déclara et le malade tomba dans un abattement tel qu'on le crut arrivé à son dernier moment. Les sons monotones de la cloche annoncèrent son agonie au peuple, qui se rendit en foule à l'église pour y réciter les prières et recevoir la bénédiction du Saint-Sacrement.

Vers les quatre heures du soir, son état sembla s'améliorer, à un tel point que les personnes qui l'entouraient avaient repris courage et conçu l'espoir de le conserver encore; mais il ne devait pas en être ainsi. Le malade alla toujours en s'affaiblissant, et le mercredi soir, il tomba dans une autre crise qui devait être la dernière. Il rendit le dernier soupir le jeudi matin, à huit heures, dans les bras de son petit-neveu, entouré de ses parents et d'un grand nombre de ses amis, qui, tous à genoux, conjuraient le Seigneur de recevoir son âme dans le séjour des bienheureux.

Son éloge funèbre peut se résumer dans ces pensées de l'Ecriture, qu'on devrait graver sur le marbre de son tombeau :

C'ÉTAIT UN HOMME PLEIN DE ZÈLE POUR SES CONCITOYENS ET A QUI L'AFFECTION QU'IL LEUR PORTAIT FIT DONNER LE NOM DE PÈRE..... IL MOURUT DANS UNE HEUREUSE VIEILLESSE, PLEIN DE JOURS ET DE GLOIRE..... ON NE PERDRA JAMAIS LE SOUVENIR DE SES BIENFAITS.

On lui rendit les derniers devoirs d'une manière digne et solennelle. Voici comment une feuille publique a raconté sa mort et ses obsèques :

« La ville de Gaillac (Tarn), vient de faire une perte douloureuse dans la personne du vénérable M. Pujol, confesseur de la Foi, chanoine honoraire de l'église métropolitaine d'Albi, curé de Saint-Michel de Gaillac et archiprêtre du même arrondissement, Il s'est éteint le 23 juillet, dans sa centième année, après avoir été curé de Saint-Michel pendant cinquante-deux ans.

La population de Gaillac, et en particulier les membres de la paroisse de Saint-Michel, se sont sentis frappés dans leurs plus chères affections; dès que ce triste événement a été prévu, la plus vive émotion s'est emparée de ce peuple qui s'était développé sous l'influence de ce bon et digne curé; les regrets les plus sincères et les plus vifs ont unanimement éclaté dès que la nouvelle de sa mort a été connue. Avide de contempler encore une fois les traits vénérés,

de ce modèle du pasteur selon le cœur de Dieu, une foule pleine
de recueillement n'a cessé de s'agenouiller dans la chambre mortuaire. Dès ce moment, une pensée de deuil planait sur la ville
entière; de son côté, le clergé des diverses paroisses de Gaillac, réuni
à Saint-Michel, chantait l'office des morts et se rendait silencieu-
sement auprès du vénérable défunt pour lui rendre ses devoirs.

Le lendemain, 24, ont eu lieu ses obsèques; elles ont été dignes
et solennelles. Obéissant à un élan spontané d'affection et de vénération, toute une population s'est levée, pour rendre à celui qu'elle
appelait depuis bien longtemps du doux nom de père, un hommage
dont l'éclat ne se ternira jamais. L'hôpital avec ses administrateurs,
ses religieuses, ses pauvres, les nombreuses pensions de jeunes filles,
toutes les associations pieuses de jeunes personnes, toutes les sociétés de femmes, avec leurs insignes et leurs draps mortuaires,
se succédaient dans ce cortége plein de la grande pensée qui dirigeait
tous les cœurs vers ce prêtre vénéré, qu'on ne devait plus revoir.

Les écoles de garçons venaient après pour rendre hommage à celui
dont la sollicitude pour l'éducation de l'enfance avait été une cons-
tante préoccupation. Le collége, avec son administration, les sociétés
d'hommes avec leurs insignes précédaient un nombreux clergé venu
de loin pour honorer, par sa présence, le confesseur de la foi. Dans
ses rangs étaient portés les poêles d'honneur, au nombre de six; les
membres de la conférence de Saint-Vincent-de-Paul, les membres
du conseil de fabrique, les divers ordres du clergé étaient représentés
dans cet hommage rendu à la mémoire de ce vénérable doyen du
diocèse d'Albi. Immédiatement avant le corbillard sur lequel reposaient
à découvert les restes du bien-aimé défunt, M. le sous-préfet de
l'arrondissement, M. le président du tribunal de première instance,
M. le maire de Gaillac, M. le procureur impérial, tenaient les glands
d'un drap mortuaire. Le même honneur lui était rendu par quatre
chanoines honoraires, après lesquels venait M. le curé de Saint-Michel, chargé de la pénible mission de conduire à sa dernière demeure
celui qu'il avait remplacé naguère dans l'exercice de ses fonctions.

Venait ensuite le deuil conduit par un petit neveu de l'illustre
défunt, prêtre lui aussi, et composé avec les membres de la famille,
de toutes les administrations de la ville de Gaillac.

Ce nombreux cortége, grossi par le reste de la population, qu'aucun caractère officiel ne rattachait aux divers corps énumérés, s'est
déployé dans les rues de la ville, accueilli partout avec les témoi-
gnages les moins équivoques de sympathie.

L'église de Saint-Michel, décorée avec une majestueuse simplicité, a reçu pour la dernière fois celui qui avait ouvert ses portes pour la première fois après l'interdiction du culte. L'office divin célébré avec pompe, le cortége s'est rendu au cimetière qui devait recevoir ces restes vénérés. Les sons graves de la musique, le chant majestueux soutenu par un chœur nombreux, les ont accompagnés jusque-là avec ces regrets qui ont déposé un dernier témoignage d'amour, de reconnaissance, de vénération, sur cette tombe qui vient de se fermer à jamais. *(Gazette du Languedoc.)*

Oui, Chrétiens, cette tombe est fermée à jamais, mais le souvenir des vertus et des exemples ne passe point. Celui que nous avons toujours appelé du doux nom de père n'a vécu si longtemps que pour nous enseigner à bien vivre et nous préparer à bien mourir. C'est pour se rendre doux et facile le passage du monde à l'éternité qu'il a tant travaillé pendant sa vie; qu'il a été aux prises avec l'adversité; qu'il est passé par le creuset des souffrances et qu'il a mangé le pain amer de l'exil. Profitons des exemples qu'il nous laisse et que sa tombe ne soit pas pour nous une tombe muette. Montrons-là à nos enfants quand nous irons dans le champ des morts y prier pour les nôtres, et répétons-leur souvent ces paroles : *C'est ici que repose un homme de bien, un pasteur vénéré que nous avons aimé comme un père ; à l'exemple du divin Sauveur des hommes*, IL A PASSÉ SUR LA TERRE EN FAISANT LE BIEN.